AF313477

10 Avril 1911

V

VENTE

du Lundi 10 Avril 1911

HOTEL DROUOT, SALLE N° 4

A DEUX HEURES

EXPOSITION PUBLIQUE

Le Dimanche 9 Avril 1911

de 2 heures à 5 heures 1/2

TABLEAUX ANCIENS

OBJETS DE VITRINE et de CURIOSITÉ

Faïences Espagnoles

PORCELAINES, BRONZES, SCULPTURES

ETOFFES ANCIENNES — TAPIS

Meubles Anciens et de Style

Mᵉ Edouard FOURNIER

COMMISSAIRE-PRISEUR

29, Rue de Maubeuge, 29

M. Arthur BLOCHE

EXPERT PRÈS LA COUR D'APPEL

21, Boulevard Haussmann, 21

C. Chaufour, Imprim.
6-8, Rue Millon, Paris

CONDITIONS DE LA VENTE

La vente sera faite expressément au comptant.

Les acquéreurs paieront 10 0/0 en sus des enchères.

L'exposition mettant le public à même de se rendre
compte de l'état des objets, il ne sera admis aucune récla-
mation une fois l'adjudication prononcée.

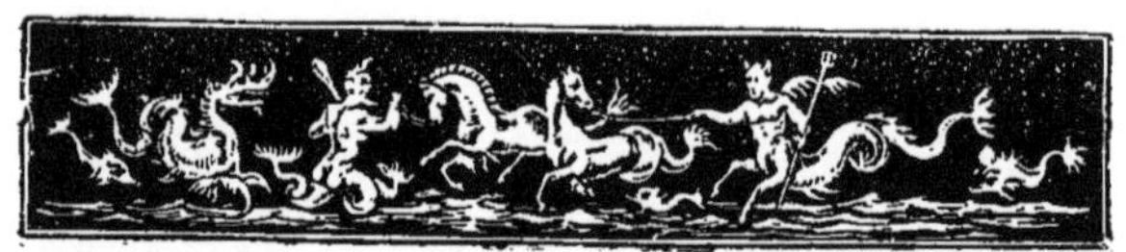

DÉSIGNATION

TABLEAUX

1 à 6 — ANTONIADI. Plusieurs têtes d'étude.

7 — BERTIN (Attribué à Nicolas). Télémaque et Calypso.

8 — BOUCHER (Ecole de). Vénus chez Vulcain.

9 — BREUGHEL ET DANIEL SÉGHERS. La Sainte famille, médaillon ovale au milieu d'une couronne de fleurs signé d'un monogramme.

10 FRANCK (Ecole de). Le Christ au jardin des oliviers.

11 — GÉO. L'agréable rencontre.

12 — GÉO. Natures mortes : Fruits, huitres, fleurs. Deux pendants.

13 — GÉO. Vue de village.

14 — GÉO. Les Chaumières.

15 — GÉO. Vue de Savoie.

16 — GÉO. Le doux propos.

17 — GÉO. Le retour aux pays.

18 — GÉO. La jenne fille aux chrysanthèmes.

19 — GÉO. Souvenir de mon village.

20 — DOW (Attribué à Gérard). La Mère et l'enfant.

Peinture sur cuivre.

21 — GREUZE (D'après), Scènes d'intérieurs rustiques. Deux pendants, cadres bois sculpté.

22 — HOGART (Attribué à W).Portrait de jeune
fille.

Signé et daté 1761.

23 — HUBERT-ROBERT (Attribué à). Paysage
d'Italie.

24 — LABILLE-GUIARD (Attribué à). Portrait
de femme représentée de profil.

25 — LÉPINE (Attribué à). Vue de Paris.

26 — MALLET (Attribué à). La Femme et l'enfant.

27 — MARATTE (Attribué à C.). La grappe de
raisin de la terre de Chanaan.

28 — NATTIER (Ecole de). Portrait de dame de
la Cour.

29 — POURBUS (Ecole de). Henri IV à cheval.
Peinture sur cuivre, cadre plaqué d'écaille·

3o — REMBRANDT (Ecole de). Les Baigneuses.

31 — VINCENT LOPEZ. Portrait de petit garçon en officier d'artillerie.

32 — ÉCOLE ANCIENNE. Episodes de la vie d'Esther et d'Assuérus, suite de quatre peintures sur cuivre, compositions de nombreux personnages.

33 — ÉCOLE ANGLAISE. — Portrait de femme.

34 — ÉCOLE ESPAGNOLE. Joli triptyque offrant au centre la Vierge enveloppée dans sa longue chevelure, entourée des anges, sur les volets de côté Saint Lazard et Sainte Marthe.

35 — ÉCOLE ESPAGNOLE. Le martyr de Saint Laurent. Peinture sur marbre, dans un encadrement en marbre monté en bronze doré avec coquilles en relief, xviie siècle.

39 — ÉCOLE ESPAGNOLE. Saint Louis de Gonzague béatifié au milieu de nombreux gentilshommes dans une cathédrale. Curieuse peinture sur marbre, xvie siècle.

37 — ÈCOLE FLAMANDE. Fruits et légumes. Peinture sur cuivre, cadre en ébène guilloché, xviie siècle.

38 — ÉCOLE FLAMANDE. La pluie d'or. Peinture sur cuivre.

39 — ÉCOLE FLAMANDE. Scène d'intérieur.

40 — ECOLE FRANÇAISE XVIIIe SIÈCLE. Portrait de Henri IV.

41 — ÉCOLE FRANÇAISE DU XVIIIe SIÈCLE. Triomphe de Neptume.

42 — ÉCOLE FRANÇAISE DU XVIIIeSIÈCLE. Portrait de Marie Leczinska.

43 — ÉCOLE FRANÇAISE DU XIXe SIÈCLE. Résurrection de Lazare. Esquisse.

44 — ÉCOLE FRANÇAISE. Sainte Cécile. Peinture sur cuivre.

45 — ECOLE FRANÇAISE. Portrait de femme ; ovale.

46 — ECOLE FRANÇAISE. Portrait d'homme ; ovale.

47 — ECOLE FRANÇAISE. La Tricoteuse.

48 — ÉCOLE MODERNE. Halte de chasse sous bois avec personnages en costumes Louis XIV.

49 — ÉCOLE PRIMITIVE. Vierge et enfant Jésus.

5o — LEPRINCE (D'après). Scènes à personnages chinois. Deux panneaux en vernis Martin avec cadres, dont un en bois sculpté et doré et l'autre en pâte.

51-52 — REYNOLDS (D'après). Portraits de femme. Deux gravures.

53-54 — ÉCOLE DU XVIIIᵉ SIÈCLE. Scènes à personnages. Deux pendants.

55 — Tableaux omis.

OBJETS DE VITRINE

56 — Pendentif en or émaillé, enrichi de pierreries avec figure de la Vierge au centre, xvı^e siècle.

57 — Nécessaire de dame en argent repoussé et doré, orné d'aventurine, xvııı^e siècle.

58 — Boîte carrée en aventurine montée à cage et en cuivre, Louis XV.

59-60 — Deux jolies gouaches sur parchemin, représentant Moïse sauvé des eaux, Vénus et Apollon. Epoque Louis XIV.

61 — Bonbonnière en poudre d'écaille noire avec miniature : Portrait de femme en paysanne, xvııı^e siècle.

62 — Petit émail peint : L'Adoration de l'Enfant Jésus, xvıı^e siècle. Cadre bois sculpté et doré.

63 — Petite boîte en émail blanc à fleurs.

64 — Figurine d'évêque en ivoire xvııı^e siècle.

65 — Salière ovale en argent fin xviiie siècle.

66 — Deux bracelets en perles d'acier.

67 — Boîte forme pomme en émail xviiie siècle.

68 — Six éventails anciens. (Seront vendus séparément).

69 — Petit éventail bois sculpté et doré à fleurs.

70 — Boîte avec série de poids du xvie siècle.

71 — Petit coffret en écaille monté en argent, xviie siècle.

72 — Petite pendule à colonnettes et figures de danseuses en bronze doré, Premier Empire.

73 — Paire de flambeaux en cuivre.

74 — Miniature : La Liseuse.

75 — Bonbonnière en écaille décorée sur le couvercle d'une peinture vernis Martin.

76 — Etui en écaille incrustée.

77 — Montre ancienne en argent. boîtier émaillé, signée Courvoisier.

78 — Bourse en argent doré.

79 — Sautoir en corail.

80 — Miniature sur ivoire : Jeune femme en toilette décolletée Louis XVI.

81 — Miniature sur ivoire : Portrait de jeune femme d'après Gainsborough.

82 — Miniature sur ivoire : Jeune femme en robe rose d'après Hall.

83 — Miniature sur ivoire : Jeune femme dans un fond de paysage, école anglaise.

84 à 85 — Sous ce numéro, objets de vitrine divers : éventails, miniatures, bonbonnières, gouaches.

Seront divisés.

FAIENCES, PORCELAINES

86 — Grand vase de Talavera, décor à scènes de chasse.

87 — Deux cornets espagnols, décor bleu.

88 — Cruchon de Talavera, décor à plantes.

89 — Grand vase à deux anses, décor armoiries en bleu.

90 — Cruche, décor lion et paysage.

91 — Cruche de Talavera, décor à animaux et festons de feuillages.

92 — Plat à barbe en vieille Alcora, décor à fleurs.

93 — Saladier de Talavera, décor animaux courant.

94 — Bouteille de Chine, décor à personnages.

95 — Plat de Talavera, décor tête d'homme casqué.

96 — Plat long de l'Inde, décor à fleurs.

97 — Plat creux en ancienne faïence hispano-arabe, décor à reflets : oiseaux et fleurs.

98 — Deux potiches en porcelaine décorée, avec supports en bois noir sculpté.

99 — Deux vases en porcelaine de la Chine, socles en bois.

100 — Vase porcelaine du Japon, monture en bronze doré.

101 — Garniture de cheminée composée d'une jardinière et de deux candélabres formés par des chimères en faïence de Gallé.

102 — Pendule en faïence allemande.

103 — Tasse et soucoupe en porcelaine de Sèvres décor à bouquets de fleurs et nature morte.

104-105 — Deux statuettes en terre cuite.

BRONZES

OBJETS D'ART DIVERS

106 — Pendule en marqueterie de cuivre et d'écaille avec support. Style Louis XIV.

107 — Deux vases en marbre rouge montés bronze. Style Louis XVI.

108 — Paire de vases en bronze parties dorées. Travail japonais.

109 — Grand bassin avec support en métal argenté, représentant en relief Minerve. Travail de la maison CHRISTOFLE.

110 — Pendule surmontée d'une statuette en bronze.

111 — Trois appliques en fer.

112 — Deux flèches.

113 — Porte-montre en bronze.

114 — Pendule en bronze doré. décor à rocailles.

115 — Garniture de cheminée en bronze et marbre, pendule et deux candélabres.

MEUBLES

116 — Beau coffre de mariage en bois sculpté, décoré de personnages à cheval, de fleurs, ornemements, armoirie et figures de chérubins, personnages debout en ronde-bosse aux angles. Gênes, fin xvie siècle.

117 — Guéridon pentagonal en acajou et marqueterie, intérieur à case réservée et tablettes à cachettes. Fin du xviiie siècle.

118 — Petite table-support en noyer. Epoque Louis XIII.

119 — Petite glace avec cadre à fronton et ornementé en bois sculpté et doré, xviiie siècle.

120 — Petite glace avec cadre en bois partie doré, fronton cintré, I^e Empire.

121 — Petit cabinet genre hispano arabe, style ancien.

122 — Petite commode en noyer et marqueterie avec glace.

123 — Cabinet avec support en marqueterie de bois, montants à colonnettes. Travail italien.

124 — Grande glace monumentale avcc encadrement à fronton doré et dans le bas formrnt coffre ou banquette.

125 — Cheminée en bois sculpté, montant à figures.

126 — Meuble de salon en bois sculpté et canné de style Louis XV.

127 — Commode orné de marqueterie et de bronzes. Style Louis XV.

128 — Commode en marqueterie ornée de bronzes. Style Louis XVI.

129 — Console en bois doré, dessus de marbre. Style Louis XVI.

130 — Canapé forme corbeille. Style Louis XVI.

131 — Grande commode garnie de bronzes. Style Louis XV.

132 — Table en marqueterie de bois. Travail
hollandais.

133 — Paravent à cinq feuilles, peinture sur cuir
de Cordoue.

134 — Ecran en tapisserie d'Aubusson à fleurs,
monture bois sculpté.

135 — Deux cadres bois sculpté et doré. Style
xviiie siècle.

136 — Meuble de salon : canapé, quatre fauteuils
et deux chaises en bois noir sculpté, style
Louis XV, couverts de tapisseries d'Aubusson
à paysages clairs et montagneux avec personnages, contre fond rose.

ÉTOFFES, TENTURES, TAPIS

137 — Couvre-lit en satin jaune piqué et soutaché à ornements polychromes. XVIIIe siècle.

138 — Couvre-lit en fil de lin brodé de soie ancien.

139 — Couvre-lit en soie blanche à bouquets de fleurs et festons. Louis XV.

140 — Portière portugaise fond écru, brodé de soie à figures et ornements.

141 — Couvre-pieds en ancien damas de soie rouge.

142 — Couvre-pieds en toile de Jouy, dessin à figures genre de LEPRINCE.

143 — Couvre-lit en satin rouge polychrome.

144 — Panneau en soie rayée ponceau, Premier Empire.

145 — Chasuble en velours rouge et brocatelle
fond rouge, XVIIᵉ siècle

146 — Deux bandeaux en ancien filet italien et
tissage à la main.

147 — Bandeau en ancien filet italien, dessin à
grands ramages.

148 — Petit tapis en ancien filet, dessin à person-
naget et animaux.

149 — Grand bandeau en ancien filet vénitien,
riehe dessin à branchages avec franges.

150 — Bandeau en ancien filet de Gênes, dessin à
animaux.

151 — Bandeau en ancien filet italien, dessin à
chimères.

152 — Grand couvre-lit en ancien filet et brode-
ries ajourées.

153 — Tapis d'Orient, dessin à palmes.

154-156 — Trois tapis d'Orient de dimensions
différentes à dessins variés.

157 — Tapis d'Orient, dessin polychrome.

158 — Objets non catalogués.